Créon

suivi de

Loin d'Antigone

La publication de cet ouvrage a été encouragée
par une subvention accordée par la Fédération Wallonie-Bruxelles.

Les oiseaux de nuit
ÉDITIONS DE THÉÂTRE BELGE FRANCOPHONE

Collection : « L'éléphant dans le boa »

Dès 12 ans

Dirigée par Aurélie Vauthrin-Ledent

Les Oiseaux de nuit – Théâtre – Création 2020
Les amis mots de compagnie ASBL
Email : lesoiseauxdenuit.editions@yahoo.com
ISBN : 978-2-931101-54-4
EAN : 9782931101544

PAUL EMOND

CRÉON

suivi de

LOIN D'ANTIGONE

Monologues librement adaptés de la mythologie grecque

La publication de cet ouvrage a été encouragée par une subvention accordée par la Fédération Wallonie-Bruxelles.

Les oiseaux de nuit

Collection « L'éléphant dans le boa » : dès 12 ans

PAUL EMOND *est l'auteur de plusieurs romans et récits, d'une vingtaine de pièces et d'une vingtaine d'adaptations théâtrales créées en Belgique et en France et parfois aussi dans d'autres pays.*

Il est membre de l'Académie royale de langue et de littérature françaises de Belgique.

CRÉON

Pour Maja

Il Principe, collage original © Maja Polackova

On sait peu, en général, quel fut le destin de Créon après l'épisode célèbre et tragique de la mort d'Antigone.

Créon continua à régner sur Thèbes. Dans La Folie d'Héraclès, *Euripide raconte qu'un nommé Lycos le tua et s'empara du pouvoir. Mais, selon une autre légende, il fut tué par Thésée, le roi d'Athènes, qui détruisit Thèbes à la tête des Épigones, les enfants des alliés de Polynice, qui avaient péri ou avaient été repoussés par les Thébains quand Étéocle et Polynice s'étaient entretués pour la succession d'Œdipe.*

C'est de cette autre légende que s'inspire le monologue qui suit. Créon y représente la figure du tyran, ce personnage dont l'Histoire a connu et connaît encore bien des spécimens. On ne s'étonnera donc pas si le texte est truffé d'anachronismes et qu'y sont même glissées, telles quelles, des bribes de discours d'un chef d'État contemporain qui se maintient à la tête de son pays avec une implacable férocité.

Abandonné de tous, Créon vit sa dernière nuit. Il sait que, d'un instant à l'autre, Thésée surgira.

1.

Une salle déserte dans un palais, la nuit. Créon apparaît.

Les ombres dans les miroirs.
Elles reviennent.
Je les attends, je suis sur mes gardes.
Quand elles sentent ma présence, quand elles m'entendent crier, elles se terrent, elles savent que je n'hésiterai pas.
Là !
Et là !
Encore là !
Montrez-vous si vous l'osez, affreux fantômes.
Je suis vivant, bien vivant, je vous emmerde, je vous crache à la gueule.

Moi, Créon, fils de Ménécée.
De la descendance des Spartes.
Moi, Créon, roi de Thèbes.
Fait d'un bois devenu si dur qu'on ne peut plus ni le fendre ni le casser.
Asséché par le feu des combats, aiguisé par les coups, aussi solide que le roc.
Moi, Créon, époux d'Eurydice, père de Mégarée, de Ménécée et de Hémon, tous décédés.

En ces temps violents, il est d'usage que les fils meurent avant le père.
En ces temps violents, les fils sont les remparts du père.

Majestueux.
Après tant de troubles et de malheurs, après la terrible révélation qu'en la personne du roi Laïos, c'était son propre père qu'Œdipe avait tué sans le savoir et qu'en la personne de ma sœur Jocaste, il avait épousé sa propre mère ; après qu'Œdipe s'en fut allé mourir au sanctuaire de Colone à Athènes ; après la querelle pour le trône entre ses fils Étéocle et Polynice…

Aboiements.
Que l'on fasse taire ces chiens !

Les aboiements augmentent d'intensité, puis se calment. Il reprend.

…après le siège de Thèbes par une armée d'Argiens recrutée par Polynice ; après qu'Étéocle et Polynice se furent sauvagement entretués ; après qu'une fois les Argiens mis en déroute, j'eus ordonné des funérailles officielles en l'honneur d'Étéocle, le défenseur de la cité, tandis que le corps du traître Polynice serait privé de sépulture…

Les aboiements reprennent et redoublent.
Hystérique.
Faites-les taire, fouettez-les jusqu'au sang !
Jusqu'à l'épuisement total du fouetteur.
Et qu'on fouette ensuite le fouetteur !
Les aboiements se calment.

...après que ma nièce Antigone eut recouvert de terre le corps du traître, puis que je l'eus condamnée à être emmurée vivante, ce qui en funeste conséquence causa la mort de mon fils Hémon et d'Eurydice, mon épouse bien-aimée ; après tous ces désastres et toutes ces calamités, moi, Créon, en dépit du chagrin qui m'accablait, j'ai tenu à conserver sur mes épaules la lourde charge royale et j'ai redonné au royaume de Thèbes un visage souverain qu'il gardera pendant mille ans.

Voilà.
L'essentiel est dit.

Gardes !
Où sont les gardes ?
Je veux qu'on vienne sur le champ.
Gardes !
Qu'on réunisse le grand conseil.
Que tous les chefs militaires soient également présents.
Et les responsables de la sécurité.

Le silence lui répond.
Est-ce que ce palais s'est vidé ?
Est-ce qu'ils ont tous détalé comme des rats ?
Un peuple de pleutres, voilà sur quoi tu règnes, Créon.
Abats ta force sur eux, qu'ils tâtent de ton fouet et ils seront soumis.
Mais si ton joug se relâche…

Orgueilleux.
J'ai rétabli l'ordre, la paix et la prospérité.
J'ai porté notre renommée jusqu'aux confins de l'univers.
Tous chantent mes louanges.
Tous m'honorent.
Tous m'acclament.
Tous se prosternent sur mon passage.
Tous me bénissent du plus profond du cœur.
Moi, Créon de tous les temps.

Il croit entendre du bruit.
Holà, quelqu'un ?
Tirésias ?
Ce pouilleux de prêtre, on a beau le chasser, il finit toujours par revenir.
Il n'y a que lui pour oser me déranger en pleine nuit.
Si c'est Tirésias, je le chasse à coups de pied au cul, tout devin soit-il.
Tirésias, notre gangrène.

Colère.
Si j'avais pu, si je pouvais…

Se ravise.
Non.
Toujours composer avec le pouvoir religieux.

Il rit.
Pourtant, cette fois-là, je l'avais envoyé sur les roses.
C'était juste au moment où la teigne Antigone hérissait tous les poils de mon corps.
Et voilà l'emmerdeur de service qui débarque pour abonder en son sens.
Il mime sa confrontation avec Tirésias.
« Roi, obéis au devin que je suis, ne fâche pas les dieux, ils n'agréent plus mes offrandes suppliantes, ce que cette jeune fille a fait tu dois l'accepter, il faut que Polynice reçoive les rites funéraires.
– Ce petit salaud ? Qui a craché au visage de son peuple ? Qui avait depuis toujours partie liée avec les terroristes ? Qui cherchait à dresser tout un chacun contre moi ? Qui a assiégé la cité pour la mettre à sac ? Jamais, Tirésias ! Tu m'entends ? Jamais ! »
Je ne lui ai pas dit que je savais tout de son entrevue secrète avec Polynice avant que celui-ci ne quitte la ville pour rejoindre les Argiens.
J'ai gardé ça dans ma manche.
Le larbin des dieux en a remis une couche.

« Roi, les oiseaux ne volent plus, leur ventre est lourd de la chair de ce malheureux. Je ne peux plus écouter les présages que m'offre le bruissement de leurs ailes. »
Qu'est-ce que j'en avais à foutre de ces oiseaux et de tout le tralala de son rituel ?
Ne fallait-il pas un exemple, un exemple éclatant ? Après quoi, toute velléité de révolte serait aplanie, tous se soumettraient, la queue entre les jambes.
« Peu m'importe, Tirésias. Si tel est leur bon plaisir, que les aigles de Zeus eux-mêmes se repaissent de ce "malheureux". »
On aurait cru que je lui avais craché au visage.
« Roi, ces aigles iront alors souiller la demeure des dieux et la malédiction des dieux sera sur nous !
– Oh non, Tirésias ! Les mortels n'ont pas le pouvoir de souiller quoi que ce soit qui appartienne aux dieux. »
Et toc ! bien envoyé, Créon !
Notre devin fumait de colère, il a décampé.
Le soir-même, j'ai dit au scribe de consigner ma phrase, que mes successeurs se plaisent à me citer.
Se méfier, toujours se méfier de ces êtres qui vont partout proclamant qu'ils parlent au nom des dieux. Ils feignent de lever les bras vers le ciel mais en réalité ils fomentent avec la racaille.

Ils s'emparent de l'esprit des plus faibles.

Ménécée, mon garçon, à qui j'avais donné le nom de mon père…
Ménécée le tendre, qui préférait le chant et la danse au maniement des armes.
Tu lui as monté la tête, vieille ordure de prêtre.
Tu lui as raconté qu'un oracle prédisait la victoire des Argiens, si un Thébain ne se sacrifiait pas aux dieux en se lançant du haut des remparts.
Et le malheureux Ménécée, mon garçon, s'est lancé du haut des remparts.
Ô mon enfant…

Non, Eurydice, assez de ces humeurs plaintives, assez de ces lamentations !
Je refuse d'entendre que je savais ce qui se tramait entre Tirésias et Ménécée.
Je refuse d'entendre que je n'ai rien fait pour arrêter ce fils.
Que je l'ai sacrifié en toute connaissance de cause.
Que je le méprisais, parce qu'il était mauvais soldat.
Que j'ai cru, moi aussi, à cet oracle imbécile.
Que je donnais un gage à Tirésias et à sa méchante caste de religieux.
Faux, absolument faux !
De quel droit me juge-t-on ?
Reculez tous, disparaissez !
Toi comme les autres, Eurydice !

Il regarde la porte.

Larbin des dieux, entre, si tu es là.
Ne m'épie pas depuis le couloir, comme à ton habitude.

Il attend. Rien ne bouge.
Il n'y a personne.
Même ce crampon de Tirésias me délaisse.

Les aboiements reprennent à nouveau.
Assez, les cabots !
Qu'on les fasse taire, au nom du ciel !
Et qu'on fasse taire en moi ces hurlements.
Qu'on fasse taire ce silence…

Un complot, c'est ça ?
Je ferai trancher tous les nez et toutes les oreilles, couper toutes les langues.
On verra bien ensuite ce qu'il en sera de votre complot !

Abattu. Puis, il se redresse, solennel.
L'éradication du terrorisme est notre priorité absolue. Jamais nous ne dialoguerons avec des pantins dressés par les puissances étrangères pour nous tenir tête et réciter comme des perroquets les textes que ces ennemis leur ont dictés. Ce qui ne veut évidemment pas dire que nous ne voyons personne avec qui dialoguer. Nous sommes toujours prêts au dialogue et nous continuerons toujours à tendre la

main pour inviter à ce dialogue. Nous dialoguerons avec ceux qui auront déposé les armes sans condition. Nous dialoguerons avec eux et le sang thébain authentique coulera à nouveau dans leurs veines.

Bruit soudain d'une canonnade.
C'est quoi, ces tirs ?
L'ennemi est-il déjà à nos portes ?
Je suis entouré d'une bande de lâches.
De lâches, de traîtres et d'incompétents.
Tous mes ordres ont été ignorés.
Tous les chefs de bataillons seront fusillés.

Noir.

2.

Ai-je jamais demandé à être roi ?
La réponse est non.
Même si personne ne me croira.
Telle est pourtant la plus stricte vérité.
Avant que les malheurs ne nous frappent, j'étais le prince Créon, insouciant, toujours affable et souriant, sans autre charge que d'assister aux parades royales.
Pourquoi désirer être roi, puisque je vivais comme un roi ?
Le beau statut que celui de frère cadet de la reine Jocaste !
L'immense avantage que d'être son protégé !
Le roi Laïos me gardait à l'écart des affaires de l'État.
Il ne se souciait nullement de moi, il m'appelait le gamin.
Je crois même qu'il me trouvait un peu simplet.
Simplet !

Un voyageur venu d'Orient m'avait rapporté un jour une légende qui s'y racontait.
Celle de la sagesse des trois singes.
Le premier se cache les yeux, le deuxième les oreilles, le troisième la bouche.
Ne rien voir, ne rien entendre, ne rien dire.

Je m'occupais de médecine, un vieux guérisseur m'apprenait à soigner les yeux, j'aimais ça.
Je faisais la cour à Eurydice, elle était jeune, elle était prodigieusement belle.
Je l'appelais ma rose du désert.

Cabotin.
Aux favoris de Laïos, j'ai un jour déclaré en les regardant bien en face : « Avec Eurydice, nous avons décidé de ne pas mentir. Nous ne voulons pas nous cacher. Vous l'avez compris, c'est du sérieux. Mais ce n'est pas vous qui fixerez la date. »
Ils ont ri.
Des favoris de Laïos, le prince Créon était le chouchou…

J'étais heureux.
Heureux !
Ce mot aujourd'hui si lointain, si incompréhensible.
Heureux…

Soudain très rhétorique.
Depuis le jour où fut annoncée la mort de Laïos, depuis ce jour où pour la première fois le pouvoir me fut confié, depuis ce jour où je pénétrai dans la salle du conseil, où d'un seul coup les jacassements s'interrompirent, où tous les regards se fixèrent sur moi, où je compris que si je ne matais pas dans

l'instant tous ces êtres bouffis de prétention jamais je n'en viendrais à bout, depuis ce jour où je ressentis au plus profond de mon être un tressaillement inconnu qui me fit me raidir à tout jamais, depuis ce jour-là, le mot heureux n'eut plus le moindre sens pour le prince Créon.

Fumiers de courtisans qui m'embrassiez le cul !
Où sont passées vos formes rampantes, vos hommages pleins de bassesse ?
Où sont vos serments de fidélité ?

En colère.
Seriez-vous déjà en train de faire allégeance à ce chien de Thésée ?
A ce roi d'Athènes, fourbe parmi les fourbes, qui se prétendait mon allié mais qui aidait secrètement Polynice à recruter son armée chez les Argiens ?
Et qui depuis leur défaite n'a eu de cesse d'entretenir la vengeance dans leur cœur.
Qui lentement, patiemment, les a financés et rassemblés à nouveau.
Qui a mené contre moi une hideuse campagne de calomnies.
Qui a soudain refusé toute ambassade de ma part, tout accord même tacite.
Qui a envoyé ses agents et ses sbires multiplier les attentats sur notre territoire.

Massacrant les civils, s'en prenant aux plus faibles de nos citoyens.
Que la gale s'empare de lui, qu'elle lui apporte des démangeaisons si atroces qu'il s'en déchirera la chair avec ses propres ongles jusqu'à ce que mort s'en suive !

Energique.
Nous devons jusqu'au bout défendre notre existence, celle de nos enfants et de nos petits-enfants. Nous ne nous laisserons pas sacrifier comme des animaux. Une minorité malade de mercenaires et de délinquants se cache parmi nous. Elle espère priver notre royaume de la sécurité et de la paix dont il était si fier. Elle entend répandre la peur et la panique dans les esprits. Elle cherche à abattre nos murs et démolir nos fondations. Je vous demande de dénoncer ces mercenaires et ces délinquants. Des officiers dirigeront les opérations. Il est temps de restaurer l'autorité populaire et d'empêcher que la cité soit en proie à d'irrépressibles convulsions.

Nostalgique et amer.
Comme tout était si simple, Jocaste, avant que ne s'enclenche la chaîne des événements monstrueux.
Quand tu me réservais toute ton affection.
Quand tu venais me confier tous tes griefs contre ce Laïos que tu as si vite détesté.

J'étais ta seule famille, ton seul ami, ton seul confident.
Tu te disais même jalouse d'Eurydice.
Toi, plus belle encore dans ta maturité que toute la beauté de son éclatante jeunesse.
Pourquoi m'avoir, alors, caché si habilement ta grossesse ?
Pourquoi ne m'avoir rien dit de la naissance de l'enfant ?
De l'ordre donné par Laïos que le nourrisson soit abandonné sur le mont Cithéron ?
Tu avais donc si peur ?

Il rit.
Les célèbres colères de Laïos, la marque de famille des Labdacides !
Le lendemain du mariage de ma sœur, à peine étions-nous installés au palais, je l'ai entendu beugler dans les couloirs.
« Ils refusent de payer ? Ils disent qu'on les pressure ? Ils osent me faire ça, à moi, leur roi ? Qu'on les massacre tous ! »
Jocaste apeurée a couru se blottir dans mes bras.
« Il ne se contrôle plus. Une tribu s'est rebellée, elle ne veut plus payer l'impôt. »
Elle tremblait de tous ses membres.
Trois jours plus tard, la tribu était rayée de la surface du royaume.

Un sanguin, un soupe-au-lait, Laïos, mon cher beau-frère....
J'ai vu Jocaste dépérir.
Il la terrorisait, il l'a terrorisée pendant des années.

Qui s'étonnera, comme on l'a appris bien plus tard, que, se rendant au sanctuaire de Delphes, Laïos s'emporta contre l'homme plus jeune qui refusait à un carrefour de laisser passer son char le premier ?
Qui s'étonnera qu'il l'injuria copieusement, puis qu'ils tirèrent l'épée ?
Et que c'est ainsi qu'il fut tué par ce fils inconnu, aussi colérique que lui ?
Tu aurais été plus maître de toi, Laïos, tu aurais vécu plus vieux.
Tu aurais vécu plus vieux, Laïos, j'aurais été heureux plus longtemps.
Et tout ce temps qui a été si cruel aurait été plus doux...

Notre roi est mort ! notre roi est mort !
Incrédulité dans les yeux des Thébains.
Ma sœur menant le rite du deuil presque en souriant.
« Tu dois diriger le royaume, Créon, tu n'as pas le choix, c'est l'ordre des choses.
– Moi, Jocaste ? Moi qui n'en ai aucune envie ?
– Oui, toi. Je reste reine mais toi, te voilà régent, c'est toi qui dirigeras. »
On s'habitue vite au pouvoir.

Si vite…
J'apprends donc à diriger, j'ai toujours appris très vite.

Il récite.
Dix principes :
Ne jamais faire confiance.
Toujours anticiper ce que les autres peuvent penser.
Avoir des yeux partout et surtout dans le dos.
S'affranchir de toute règle morale.
Ne pas s'occuper soi-même des basses besognes.
Dresser ses proches les uns contre les autres.
Compromettre tout un chacun.
Ne pas craindre d'être craint.
Tirer les fils de toutes les marionnettes.
Ne jamais mettre bas le masque.

Mais tous, n'est-ce pas, vous attendez qu'enfin je le mette bas, ce masque.
Pour épier sur mon visage d'éventuelles traces de larmes.
Pour scruter mes rides, pour apprécier comme elles sont creusées.
Eh bien, soyez-en pour vos frais.
Le masque du roi est un accessoire de première importance.
Quand le roi porte le deuil, il le porte derrière le masque.
Pareil pour sa solitude.

Pareil pour ses sentiments.
Le roi, plus que tout autre, a droit au respect de sa vie privée.
De son intimité.
Que serait ce monde si l'intimité du roi n'était plus respectée ?
Si ses faits et gestes étaient connus de tous et de chacun ?
Livré en pâture à la curiosité populaire ?

Méprisant.
Le roi deviendrait la risée de tous.
Un roitelet de carnaval.
Un capitaine de pédalo.
Un président en scooter…

Eh bien quoi ?
De quoi m'accuse-t-on ?
J'écoute.
Vous vous réfugiez dans le silence ?
Vous croyez m'impressionner par vos seuls ricanements ?
Silence.

Tout s'est tu.
La nuit a tout emporté, comme elle emporte les rêves.
Même les rêves les plus noirs, elle les engloutit dans le noir de son auguste robe.

Si au moins, je rêvais encore.
S'il y avait autre chose, pour mes yeux restés grands ouverts, que le spectacle de ces ombres.
S'il y avait autre chose que la nuit.
Que cette nuit dans laquelle il me faut plonger toujours plus profond…

Noir.

3.

Oh ! mais c'est qu'ils s'en donnent à cœur joie !
Il fait grand bal, cette nuit, au palais de Créon !
Dansez, dansez, jolis fantômes !
Cette ombre qui se secoue si bien comme au bout d'une corde, serait-ce donc toi, Jocaste, ma sœur ?
Venue, avec les autres, célébrer la défaite de ton cher cadet ?

J'étais à peine régent que sur la route menant à Thèbes le sphinx est venu s'installer.
Jamais on n'avait vu pareil monstre.
Nul n'osait plus quitter la ville, il tuait et dévorait tout qui s'approchait.
Tirésias larmoyait : « La malédiction des dieux est sur nous ! »
Le refrain qu'il nous ressert à chaque fois.
Le discours des prêtres, j'en ai vite compris l'imbécillité.

Penaud.
Et toi, Jocaste, tu me pressais, toujours plus impérieuse.
« Il faut mettre un terme à cette terreur. Agis, Créon ! Sois à la hauteur de la situation ! »
Agir, oui, bien sûr, agir…

Le sphinx n'a fait qu'une bouchée des meilleurs de nos guerriers.

Honte et colère, quand ma sœur proclama : « Celui qui tuera le sphinx, je l'épouserai. Il sera roi de Thèbes. »
Heureusement, ai-je pensé, celui-là ne se présentera pas de sitôt…
Très peu de temps après, Œdipe s'est présenté.
Il avait tué le sphinx.
Dès que je l'ai vu, je l'ai détesté.
Œdipe, mon meilleur ennemi.

Vantard.
Peur moi ?
Peur de quoi ?
Un jour, aux fêtes en l'honneur de Déméter, j'ai défié un jeune taureau.
Arc-bouté contre lui, je l'ai saisi par les cornes.
Le peuple entier et tous les dignitaires nous regardaient.
La bête m'a poussé de tout son poids, j'ai reculé d'un pas, d'un seul.
Un frisson a secoué la foule.
Alors, je me suis rivé dans le sol.
J'ai fait corps avec la masse énorme, le feu de ses naseaux me rentrait dans la poitrine.
Tous mes muscles bandés, je lui ai tordu les cornes et la tête.

De tout son poids, la bête se cabrait pour se redresser.
Nous n'étions qu'une même fureur, le taureau et moi.
Sa rage était aussi la mienne.
La bête mugissait et Créon hurlait.
Toute la force du monde était rassemblée dans ce combat.
Peu à peu, j'ai incliné plus encore la tête monstrueuse.
Je l'ai forcée à se soumettre.
Un cri, comme d'une seule poitrine, a surgi dans toute l'assistance.
Brusquement la masse entière s'était affaissée.
Je l'avais domptée.
Le peuple m'a ovationné, sa clameur a retenti jusqu'aux portes du ciel.
J'ai reçu ce jour-là mon plus beau titre : Créon, le taureau de Thèbes.
Moi, Créon de tous les temps.

En colère.
Et toi, Œdipe, tu es toujours là qui ricanes.
Ombre parmi les ombres, la plus grande, la plus menaçante, guettant le meilleur moment pour bondir et me terrasser !
Ton fantôme ne me fait pas peur.
Quel dieu pourrait encore te protéger ?
Vieillard aveugle et titubant !

Boiteux parricide et incestueux !
Tant d'années j'ai dû subir ton mépris !
Tant d'injures tu m'as lancées !
Je te les rentrerais une à une dans la gorge.
« Bandit, fourbe, félon », que n'ai-je pas dû entendre !
Jusqu'à m'accuser de comploter avec Tirésias contre toi.
Pauvre idiot !

Œdipe roi, l'imposteur sur le trône de Thèbes.
Glorieux, impétueux, orgueilleux, sûr de lui, arrogant.
Comme il t'importait peu désormais, Jocaste, le jeune frère mis au rancart.
Celui qui n'avait pu débarrasser Thèbes du sphinx…

Tout vous réussissait.
Vos quatre enfants arrivés à la suite...
Je vous ai souhaité tout le mal du monde.
Et un jour, tout le mal du monde s'est abattu sur Thèbes et sur vous.
Un jour, la peste a fondu sur la ville et les bûchers se sont multipliés pour brûler les cadavres.

Moi, je m'étais tenu à l'écart, sagement à l'écart.
Bien sûr, je savais tout ce qui se passait, j'ai toujours eu les meilleurs informateurs.

Bien sûr, il m'arrivait d'écouter les plaintes de ceux qui subissaient les foudres d'Œdipe.
Bien sûr, il m'arrivait de donner quelques conseils.
Mais aucun complot, je le jure.
Même toi, Jocaste tu m'as soupçonné.

Il récite.
En ce temps-là, quand la peste se répandit au point qu'en chaque rue de Thèbes on n'entendait plus que les plaintes des malades et les râles des mourants, quand les corbeaux par groupes compacts tournoyaient au-dessus de la ville, le roi Œdipe ordonna au prince Créon d'aller interroger l'oracle de Delphes, ce que fit le prince Créon forcé d'obtempérer, bien que très peu porté sur les choses oraculaires, de sorte qu'il s'en revint de Delphes annoncer que la peste quitterait la ville lorsque serait connu l'assassin du roi Laïos, lequel assassin, au terme de l'enquête menée par le roi Œdipe en personne, se révéla être le roi Œdipe en personne…

Misérable criminel !
Qui n'avais pas compris que tu étais revenu sur les lieux qui t'avaient vu naître.
Que tu étais le fils de celle qui s'émerveillait de ta jeune force et de sa beauté.
Qui t'entraînait en gloussant vers la couche où jadis elle t'avait enfanté.

Quel amas d'ordures tu as déversées sur Thèbes en devenant son roi !
Je t'espère subissant mille tourments, accablé par les dieux infernaux.

Qu'avais-je à faire de ce scandale inouï ?
De la malédiction qui écrasait cette funeste famille des Labdacides ?
À quelle dépravation, à quel égarement criminel mon sort se trouvait-il lié ?
Pourquoi devais-je en être éclaboussé, moi aussi ?

Retirée dans sa chambre, Jocaste noua un long foulard et se pendit.
Quand Œdipe la découvrit, il détacha le corps et arracha la broche qui fermait le nœud du foulard.
Et avec la grosse aiguille de la broche, il se creva les yeux.
Voilà ce qui arriva à ma sœur aînée et à son époux qui était aussi son fils.
Ce jour-là, la peste quitta la ville.

Dédaigneux.
Pouilleux d'Œdipe !
Ah ! tu avais belle allure quand tout a été consommé.
Quand, plus tard, bien plus tard, tu as fui à Colone dans ton froc de mendiant !
Conduit par cette folle d'Antigone !
L'aveugle et la chipie…

Terreur soudaine.
Qu'ils m'épargnent, moi, les dieux infernaux !
J'ai toujours réglé ma conduite pour le plus grand bien de tous.
Je me suis gardé de toute ignominie.
Je suis irréprochable.
Thèbes ne peut que se louer de la façon dont je l'ai conduite.
Pitié pour le roi Créon !
Même aujourd'hui, alors qu'héroïquement nous nous battons pour notre survie, les Thébains savent que leur roi…

Mais ce sont les Thébains qui ont été indignes de moi.
Pour eux, je me suis sacrifié.
J'ai sacrifié mon existence, jour après jour.
J'ai sacrifié mes trois fils.
Qui me rendra ce qu'on m'a volé ?
Qui, plus tard, se souciera de ma renommée ?

On osera dire que j'étais un tyran, un bourreau, un monstre.
On osera dire que je nourrissais mon orgueil avec la chair des Thébains.
Que j'ai fait emmurer dans une grotte la vierge Antigone, la fiancée de mon propre fils.
On fera d'elle l'héroïne exemplaire qui se dresse contre l'iniquité.

Elle était seule contre tous, dira-t-on.
Mais que sauront-ils jamais de ma solitude à moi ?
De ma solitude de roi ?
De cette implacable solitude ?

Se précipite à la porte.
Où est le rapport sur les dernières positions de l'ennemi ?
Pourquoi ne l'ai-je pas reçu encore ?
Les éclaireurs ne sont-ils pas rentrés ?
Que l'on double les sentinelles sur tous les remparts pour la fin de la nuit !
Tous des traîtres, tous des incapables.

Accablé.
N'être jamais venu au monde est peut-être le plus grand bienfait.
Voilà ce qu'un jour un sage écrira.

Noir.

4.

Mais quand en lui se répand et règne la terreur, que fait le roi de son masque ?
De ce masque qui lui rentre dans tous les pores de la peau et se confond avec ses traits les plus hideux ?
De ce masque qui l'étouffe comme le garrot étouffe le condamné ?

Parviendra-t-il encore à l'arracher ?
La terreur, on dira pourtant qu'il la connaît, puisque chaque jour il l'applique à ses sujets.
Mais ce n'est pas de cette terreur-là qu'il s'agit.
Ce n'est pas de la peur du bourreau.
C'est de découvrir qu'on a été le bourreau de soi-même.

Toi aussi, Œdipe, tu as été le bourreau de toi-même.
Mais tu l'as été malgré toi, en jouet aveugle de la fatalité.
Alors que pour Créon tout pouvait encore s'arrêter.
Il suffisait de…
Il suffisait de quoi, Créon ?
D'arrêter d'être roi ?
De ne plus imposer la loi qui fait régner l'ordre dans la cité ?
Oui, j'ai imposé la loi.
Durement, cruellement, sans faiblir.

Un jour, lorsque Thèbes sera plus glorieuse encore, on reconnaîtra tous mes mérites.
On dressera à ma gloire un monument grandiose.
A Créon, bienfaiteur du royaume.
Des poètes infiniment talentueux chanteront mes exploits.
On racontera aux enfants combien ce roi fut avisé et toujours soucieux du salut de tous.
Ce roi qui disait : « Celui qui, à la patrie préfère les êtres qu'il chérit, celui-là à mes yeux est un mauvais Thébain. »

Mais cela ne crevait-il pas les yeux qu'allait se passer ce qui s'est passé ?
Que Hémon se supprimerait la vie si tu restais inflexible ?
Et ta chère et douce Eurydice ?
Cela crevait les yeux et tu n'as rien vu.
Qu'as-tu ignoré pour être à ce point puni ?
Est-ce que chacun porte en soi sa part de faux ?
Et sa malédiction ?
Deux mâchoires se sont plantées au plus vif de mon cœur et ne se desserrent plus.

Je te revois, Œdipe, lorsque ce n'était plus toi mais la peste qui régnait sur Thèbes.
Aujourd'hui, j'aurais presque pitié de toi.
J'ai vu tes rides se creuser, j'ai vu ton dos se voûter.
Ton regard perdait tout éclat.

Je t'ai vu, hagard, rôder dans les couloirs du palais, silencieux pendant des heures, toi dont la faconde était intarissable.
Et j'ai vu Jocaste devenir vieille en quelques semaines.
« Qu'avons-nous fait aux dieux ? », répétais-tu.

Affirmatif.
J'ai toujours été très pieux.
J'ai vénéré les dieux, je leur ai offert les plus beaux sacrifices.
Présider toutes les cérémonies en l'honneur des dieux est la garantie de l'ordre dans l'État.
J'ai fait édifier à Thèbes et autour de Thèbes les plus beaux temples à dix royaumes à la ronde.
J'ai fait respecter nos sanctuaires.
Que les dieux me prodiguent tous leurs bienfaits.
A moi, Créon, fils de Ménécée.

Il rit.
Voilà pour les dieux.
C'est ce qu'on appelle le minimum syndical.

Abattu.
Cette lassitude qui me prend…
Votre roi est en deuil !
Vous m'entendez ?
Soyez tous en deuil, tous !
La mort a si bien moissonné…

Hémon, le dernier fils que me restait, mon préféré.
Mort par ma faute.
Eurydice, ma si chère femme.
Morte de n'avoir pu supporter la mort de Hémon.
Et la punaise d'Antigone.
La vermine, la petite mouche à merde qui m'a défié.
Morte elle aussi, pour faire le compte.
Pourquoi est-ce toujours d'elle que je rêve quand le sommeil parvient enfin à me terrasser ?
Quand commence la litanie des cris et des gémissements ?
Que se présente le défilé des suppliciés ?
Vos gueules, les suppliciés !
Que les vautours cessent de tournoyer aux quatre coins de mon cerveau.
N'ai-je pas fait que mon métier ?
N'ai-je pas accompli la charge ?
La charge écrasante ?
Une telle lassitude…

Se voulant convainquant.
Mes amis, mes fidèles ! Le problème auquel font face les forces armées n'est pas lié à une quelconque faiblesse de leur part, il est lié à la fatigue. Il est normal qu'une armée soit atteinte de fatigue mais il y a une différence entre la fatigue et la défaite. Le mot défaite n'existe pas dans le dictionnaire de notre armée. Même si vous devez comprendre que l'armée ne peut se trouver dans chaque parcelle de territoire.

Parfois, nous concentrons l'arsenal et l'armée dans une région importante et cela se fait aux dépens d'autres endroits, qui deviennent alors plus faibles. Nous sommes même obligés, en certaines circonstances, d'abandonner certaines régions pour transporter nos troupes vers la région à laquelle nous sommes attachés. Ceci n'empêchera en rien notre victoire finale, croyez-le bien.

Celui qui m'ôtera de mon trône n'est pas encore né.
Ma fureur est intacte.
Ma résistance est à toute épreuve.
Aucune horreur ne pourra plus me surprendre, j'en suis rassasié.
J'ai tout vu, j'ai tout entendu.

Les deux petits fauves voulaient chacun le trône.
Je vis Étéocle et Polynice se saisir de leur père, qui les yeux en sang était incapable de se défendre.
Je les vis le frapper à coups redoublés, la bave aux lèvres.
Je les entendis l'injurier en des termes si obscènes que nul n'oserait les répéter.
Je les vis le traîner jusqu'à une des portes de la ville, repoussant leurs sœurs qui cherchaient à s'interposer.
Je les vis le chasser de Thèbes à coups de pied au cul.
Je les entendis jusqu'au soir rire aux éclats.

M'interposer, moi ?
Non, je ne l'ai pas fait.
Oh non !

Rusé.
Quand deux frères se disputent la couronne, l'oncle Créon prend patience.
De l'un et l'autre il écoute les arguments.
A chacun il prodigue les meilleurs conseils.
Leur fait étalage de son amitié, les étouffe de caresses.
Aux yeux de tous, il se montre homme avisé et désintéressé.
Les Labdacides ont plongé Thèbes dans le malheur ?
Créon se tient comme un roc au milieu de la tempête.
Tôt ou tard on aura recours à lui.

Allons, les lionceaux, montrez les dents, menacez-vous, injuriez-vous, défiez-vous.
Bien ! Très bien ! Très très bien !

Vous êtes là tous deux aussi, misérables ?
Enfin unis dans la mort pour venir me narguer ?
Allez ouste !
Du balai !

Se secoue.
Les songes nous entraînent parfois, comme à plaisir, dans un univers d'effroyables calamités qui par

bonheur, jamais, au grand jamais, ne viendraient troubler le cours tranquille de nos existences.

Lorsque d'ici peu reviendra l'aurore aux doigts de rose et le chant harmonieux des oiseaux, lorsque s'entendront dans le beau labyrinthe de nos rues les premiers appels des marchands et des artisans, lorsque réapparaîtra le visage riant de la cité, tout ce monde de chimères nocturnes sera précipité en un instant au plus profond du tonneau de l'oubli.

Alors, frais et dispos, je sortirai de mes appartements.

Je sourirai aux serviteurs qui accompliront leurs tâches accoutumées.

J'écouterai les rapports totalement rassurants de mes secrétaires.

Je pénétrerai dans la salle du grand conseil, tous à mon entrée se lèveront respectueusement et je lirai sur leur visage l'orgueil et le contentement de me seconder dans le gouvernement aussi paisible qu'efficace du beau royaume de Thèbes.

Noir.

5.

Il rit sourdement, presque misérablement.

Quand je pense, quand j'imagine !

Répandre la rumeur que moi, Créon, fils de Ménécée, j'aurais été dépassé par la violence avec laquelle les deux rejetons d'Œdipe s'affrontaient !

Foutaises !

Que ne pouvant les raisonner et voyant leurs partisans se livrer de sanglantes batailles dans les rues de Thèbes, j'aurais obéi – moi, obéir ! – à ce que réclamait Tirésias en vertu des augures et me serais rendu au sanctuaire athénien de Colone pour y rechercher Œdipe qui s'y mourait !

Foutaises !

On a même osé dire que pour contraindre Œdipe, je me serais emparé d'Antigone et d'Ismène qui étaient à ses côtés et que j'aurais menacé de les tuer s'il ne me suivait pas.

Foutaises !

Et pour couronner le tout, on a fait croire que Thésée en personne, s'érigeant en protecteur d'Œdipe, se serait interposé avec ses soldats et m'aurait chassé honteusement du territoire d'Athènes…

Que la langue soit arrachée à tous ceux qui ont rapporté de telles invraisemblances !

Furieux. Se tourne vers les ombres.
Et tous vous le croyez, n'est-ce pas ?
Tous vous colportez cette fable !
Tout fait farine au moulin de la calomnie.
Ah ! ils s'en donneront à cœur joie les soi-disant chroniqueurs et autres artistes de tout poil !
Ils feront rire de moi à gorge déployée !
Ce crétin de Créon venant supplier Œdipe de rentrer à Thèbes !
Un : jamais je ne me serais soumis de la sorte à une injonction du prêtre.
Deux : quel intérêt aurais-je eu à ramener ici une épave sanglante qui causa tant de maux à notre royaume ?
J'avais trop bien compris ce qui se tramait dans l'esprit tordu de Tirésias.
Ce vieux comploteur savait parfaitement qu'Œdipe refuserait de me suivre.
Tout cela n'était que prétexte à ternir ma réputation.

J'affirme haut et fort que jamais je n'ai quitté Thèbes pour me rendre à Colone.
Je l'affirme en dépit de tout ce que l'on racontera encore et encore à ce propos, y compris et surtout dans les théâtres !
Œdipe à Colone, certes, mais sans Créon !
Cette histoire figure-t-elle dans ce que chaque jour je dicte à mon scribe officiel et qu'il transcrit fidèlement ?

Vous pouvez chercher, nos archives sont ouvertes à tous et à chacun, vous verrez bien qu'elle n'y figure pas.

Il éclate.
Vous tous qui m'écoutez, fermez vos oreilles à la propagande ennemie !
A ces mensonges que répandent les agents étrangers infiltrés sur nos terres !
A tous ces mots venimeux qui n'ont d'autre but que saper le moral de la population !
Celui qui sera pris à croire la moindre de ces absurdités recevra publiquement cent coups de bâton.
La seule vérité est celle qui sort de ma bouche.
Moi seul suis votre maître et votre guide.
Immuable comme l'étoile du nord.
Tout ce que vous êtes, vous l'êtes à travers moi.
J'exige votre loyauté illimitée, inconditionnelle et inaltérable !
Vous m'entendez, peuple de crapauds ?
Que feriez-vous sans moi ?
Vous n'êtes que des aveugles, des chatons dépourvus de griffes.
Comment pourriez-vous, sans ma direction, venir à bout de toutes ces forces subversives qui vous ont pris à la gorge ?

Il paraît que Thésée dans son palais a fait représenter sur un grand mur une scène où il me chasse honteusement.
Comme il paraît qu'un autre mur le montre qui tue un homme à tête de taureau…

Abattu soudain.
Même toi, Œdipe, chien d'Œdipe, tu n'as pas souffert ce que je souffre.
Il y avait Mégarée, mon autre fils, mon aîné, le guerrier intrépide.
Mégarée qui me défiait au combat dès son plus jeune âge.
« Viens père, approche si tu l'oses, viens te battre à l'épée contre moi. »
Je riais, je lui apprenais tous les coups, ses charges se faisaient de plus en plus dangereuses.
Et cette étrange lueur dans ses yeux…
Je l'aimais, je l'admirais mais j'ai appris à me méfier de lui.
Je n'ai plus voulu qu'il s'entraîne avec moi.
Un assaut un peu trop vif, un geste soi-disant incontrôlé et…
J'ai fait en sorte que son entrée dans le grand conseil soit retardée.
Qu'il reste un guerrier, un bras armé du royaume, très bien.
Mais nul besoin de lui dans les grandes décisions à prendre.

J'ai bien vu qu'il rongeait son frein.
Jeune coq !
Quand les Argiens ont assiégé Thèbcs, Mégarée en a été un des défenseurs les plus intrépides.
A chacune des sept portes, un champion menait nos troupes.
J'ai dit à Mégarée de défendre la porte attaquée par Écléoclos et ses hommes.
Écléoclos, l'Argien le plus redoutable…
Mégarée est mort en héros.

Discours aux morts.
J'ai tenu à être parmi vous en ce jour, car je me sens envahi par une grande joie à chaque fois que je rencontre des martyrs. C'est votre sang, chers martyrs, sacrifié sur le champ d'honneur, qui a été le rempart de notre peuple. C'est votre sang qui s'est opposé au déferlement haineux et aveugle. C'est votre sang qui est notre honneur et celui de la patrie. C'est ce sang versé qui défendra l'intégrité du territoire, qui consacrera notre union dans la diversité, qui purifiera notre société de la traîtrise et de la trahison et qui empêchera la décadence morale et humaine de notre civilisation pour les générations et les siècles à venir. Pour votre sang, chers martyrs, soyez remerciés.

Aux ombres, avec persuasion.

Qui oserait dire que je n'ai pas tout fait pour concilier les deux rivaux ?

Qui oserait dire qu'il n'était pas sage de les persuader de régner un an à tour de rôle ?

En dépit de toute leur méfiance, de toutes leurs réticences, de toute la haine qu'ils se portaient ?

Qui oserait dire que tirer au sort celui qui serait roi le premier n'était pas la manière la plus équitable d'en décider ?

Cela ne valait-il pas mieux que de s'en remettre aux augures de ce forban de Tirésias, ce qu'évidemment Polynice réclamait, puisqu'à l'époque Tirésias et lui… ?

Pas la peine de faire un dessin, pas vrai ?

Qui oserait prétendre que ce tirage au sort était tronqué, alors que les plus hauts magistrats de Thèbes ont pu vérifier qu'il se faisait dans les règles ?

Qui oserait dire qu'une fois Étéocle désigné pour un an, il n'aurait pas fallu que Polynice fût éloigné pour que son frère puisse régner en toute tranquillité ?

Même si c'est la rage au cœur que Polynice dut se soumettre à cet édit…

Qui enfin oserait proclamer qu'il ne convenait pas, au terme de cette année, qu'Étéocle refuse l'alternance, puisque déjà Polynice s'était allié à nos ennemis ?

Il rit.
Et puisque dans l'ombre, l'oncle Créon manipulait si bien la marionnette Étéocle…
Je t'admire, Créon, de tant d'abnégation.
Tu as bien mérité l'estime de ton peuple.

Noir.

6.

L'assaut de Polynice, je l'attendais depuis longtemps.
Je savais tout de ce qu'il tramait chez les Argiens, des calomnies qu'il répandait contre Thèbes, des mercenaires qu'il enrôlait.
Je savais le puissant allié que secrètement il avait trouvé en Thésée.
Misérable roi d'Athènes…
Ah !

Il appelle.
Tirésias ?
Pourquoi Tirésias n'est-il pas venu ?
Pourquoi n'entend-il pas me faire savoir ce que ses dieux ont prévu pour mettre l'ennemi hors de combat ?
Tirésias ! J'exige que Tirésias se présente à l'instant !
Je veux entendre sa voix de chèvre !
Je veux le prêtre à ma botte !

Se convainquant lui-même.
Thèbes sera sauve et je serai sauf.
Nous sommes venus à bout de Polynice, nous viendrons à bout de Thésée.

L'histoire est une bonne servante, elle ne peut que se répéter.
Il n'y a plus que moi pour le croire ?
Aucune importance, puisque c'est ce que je crois qui se réalise.
Mes savants préparent des armes terrifiantes, des bombes volantes, des barils d'explosifs à jeter du haut des hélicoptères, des gaz paralysants.
Nos ennemis n'ont encore rien vu.
Ce sera un carnage.
Je le dis, donc je le pense.
Et j'ai raison.

La haine splendide des deux coqs !
Comme elle fleurit à l'instant même où ils se retrouvent face à face !
Comme elle s'épanouit, pareille au faucon trop longtemps retenu dans sa cage et qui vivement déploie ses ailes !
Les voilà l'épée brandie, la bave et l'injure aux lèvres, toutes griffes dehors !

Tel un reporter sportif.
A ma gauche, Étéocle, champion des Thébains, roi faisant fonction.
A ma droite, Polynice, à la tête des Argiens, prétendant au trône de Thèbes.
L'un contre l'autre ils bondissent, poussant un cri terrible.

Ils portent les premiers coups, le fer s'entrechoque, mille étincelles jaillissent, Étéocle pousse plus fort, Polynice recule mais réattaquc aussitôt, il assène un coup terrible, Étéocle vacille, il se redresse, ses yeux lancent des éclairs, il se tend à l'horizontale, l'épée projetée droit devant, son coup transpercerait un rocher mais Polynice l'évite d'un grand saut de côté, ils repartent l'un et l'autre à l'attaque, tue ! tue ! grand coup de Polynice, Étéocle fait dévier la lame, grand coup d'Étéocle, Polynice fait dévier la lame, aucun avantage, le combat est terriblement équilibré, oh ! Étéocle d'une feinte admirable a touché Polynice au cou, le sang jaillit vermeil mais Polynice n'en a cure, il décuple de rage, se précipite sur son frère en hurlant, le bruit du métal qui s'entrechoque résonne jusqu'au lointain du monde, coup brutal de Polynice, coup brutal d'Étéocle, revers de Polynice, revers d'Étéocle, le public retient son souffle, un bref instant les deux frères s'immobilisent et se défient, un nuage de fureur les enveloppe, rage contre rage, haine contre haine, meurtre contre meurtre, ils s'élancent, s'enfoncent de toutes leurs forces les épées au travers des cuirasses, double cri de douleur, l'un sur l'autre ils s'effondrent, morts sur-le-champ !

Balayés du chemin !
Fini, les Labdacides mâles !
A moi les pleins pouvoirs !

A moi le trône de Thèbes pour toujours !
You hou hou !

Confidentiel.
Parenthèse : j'ai l'honneur de vous annoncer que pour enrichir le royaume, je vais faire périr tous les nobles et prendre leurs biens. Fin de la parenthèse.

Solennel.
L'ennemi repoussé, j'impose aussitôt ma loi d'airain.
Mes édits sont promulgués.
Ma police veille au grain.
L'opposition est muselée.
Les irréductibles sont liquidés.
On me craint et on me respecte.
Thébains, chacun de vous doit accomplir son devoir d'obéissance.
Ceux qui s'y dérobent sont des traîtres.
Ils n'ont rien à faire parmi nous.

Soudain furieux.
J'ai mené Thèbes à sa perte, moi ?
Qui a l'audace de proférer pareil constat ?
Répondez !
Vous seriez vivants que je vous condamnerais aux pires supplices.
Attachés aux remparts en plein soleil.

J'en ai observé plus d'un en train d'agoniser de la sorte.
Les corbeaux sont gourmands, ils n'ont pas la patience d'attendre que la vie en ait fini avec le condamné.
Les corbeaux, sachez-le, sont particulièrement friands des yeux humains.

Il récite.
C'était sans compter sur l'inévitable grain de sable qui tôt ou tard se glisse dans la machine. En ce temps-là, alors que tous baissaient la tête et que Créon croyait pouvoir imposer un pouvoir sans borne, la jeune Antigone, sœur d'Étéocle, de Polynice et d'Ismène, rentrée avec cette dernière du sanctuaire athénien de Colone après la mort de leur père Œdipe, trouva bon de désobéir à l'ordre de Créon qui imposait de laisser pourrir le cadavre de Polynice, elle alla de nuit le recouvrir d'un peu de terre, fut capturée par les soldats qui surveillait le corps et…

Il s'interrompt.
Ça va, ça va !
On connaît la chanson !

La perfide engeance d'Œdipe.
La fiente.
La blatte.

La pustule.
La femelle hystérique.
L'enculée de sa race.
La tique.
La méchanceté sur pattes.
La sagouine.
J'aurais dû l'étrangler de ces deux mains !
Cri de rage.

Dressée sur ses ergots de toute son arrogance, soutenant mon regard, le défiant, me crachant au visage son respect des morts et des puissances infernales, et moi qui essaie de l'amadouer, de la convaincre de garder son geste secret et que je me chargerai du reste, qui perds mon temps à vouloir que cette péronnelle finisse par admettre que mes raisons sont impérieuses, et elle qui me rit au nez, qui m'accable de ses certitudes à la noix.

Il redit quelques bribes du fameux dialogue de Sophocle, mimant la scène.
« Antigone, toi seule dans la cité tiens ce discours insensé.
– Les autres pensent ce que je pense mais ils n'osent le dire.
– N'es-tu pas honteuse de te conduire comme tu te conduis ?
– Je veux honorer mon frère, ce n'est pas honteux.

– L’autre aussi était ton frère, celui qui a sauvé Thèbes.
– Hadès, dieu des enfers, ne fait pas de différence.
– Allons, Antigone, le bon n’équivaut jamais le méchant.
– La vraie pitié, sous terre, ne prend pas cette mesure en compte. »

J’ai senti la rage qui montait en moi.
« Aucune femme ne me fera la loi tant que je vivrai ! »
Tête de mule, tête de bois, tête de Labdacide…

Beau travail en sous-main, Tirésias !
Bravo !
La petite garce se complaisait dans sa pose de martyre, croyant sans doute qu’en tant que fiancée de mon fils, elle se devait de…

Petit crétin de Hémon.
Blanc-bec.
Nigaud insolent.
Morveux.
Fils débile.
Qui n’a rien pris de ma semence.
Tous les défauts de ta mère en pire.
Rétif à mon autorité.
Être impudent et vil.
Incapable d’admettre la raison d’Etat.

Ne tenant compte que de ce qui te concerne.
Osant prendre la défense de cette guenon.
Osant faire mon procès.
Osant m'injurier, me menacer de ton épée.
Si je n'avais reculé d'un bond, j'étais mort !
Porter la main sur ton propre père !
Quelle folie te mène ?
Arrière !

Il lutte contre les ombres.
Arrière tous !
Il ne sera pas dit que vos ricanements ont eu raison de moi.
Il ne sera pas dit que j'ai eu peur de vos yeux pleins de sang.
Que les morts restent avec les morts.
Tous les meurtres que j'ai ordonnés, je peux les justifier.
Même les plus ignobles.
Même les massacres de masse.
Même ceux des vieillards et des enfants.
Si je ne crains pas les dieux, pourquoi craindrais-je les hommes ?
Je n'ai pas à me sentir coupable, j'ai fait de mon mieux pour protéger mon peuple.
La main d'un souverain ne doit jamais trembler.

Résigné.
Antigone murée dans une grotte.

Hémon suicidé à ses pieds.
Eurydice se donnant la mort.
Comme toi, Jocaste.
Nous voilà frères, Œdipe.
Frères dans le malheur.
Ensemble nous gémissons.

Thébains, aujourd'hui, je vous regarde et je vois les visages des fils et filles de ma patrie empreints de tristesse et de douleur. Je vois que les yeux des enfants ne brillent plus du rire radieux de l'innocence. Je vois les mains des plus âgés implorer le ciel pour le salut de leurs enfants et de leurs petits-enfants. Les meilleurs de nos fils sont morts et le nuage noir de la souffrance plane sur notre royaume. Mais du fin fond de cette souffrance doit naître, telle une formidable énergie, l'absolue conviction que nous vaincrons. Tous ensemble, soyons convaincus ! Tous ensemble, ayons ce magnifique sursaut qui sauvera la patrie des griffes du terrorisme organisé, des griffes d'une agression inouïe et sans précédent ! En avant, mes frères et mes sœurs ! Sus aux monstres humains qui anéantissent notre paisible et beau pays ! Quiconque donnerait l'ordre de reculer sera exécuté sur le champ.

Furieux.

Qui êtes-vous pour vous arroger le droit de me juger ?
C'est quoi, ce foutoir ?
Des crimes contre l'humanité ?
De quelle humanité s'agit-il ?
La seule humanité que nous connaissons, c'est notre peuple.
Notre peuple qui a confiance en moi.
Qui ne reconnaît que moi.
Que je guiderai jusqu'au bout.
Arrière ou je vous éclate la tête !
Vos accusations sont nulles et non avenues.

J'ai tenu à interroger moi-même le terroriste arrêté ce matin.
La crapule.
Il m'a défié jusqu'à son dernier souffle.
« Tu crois pouvoir tout détruire, Créon. Tu oublies ce proverbe de toujours : un grain de grenade suffit à reconstruire un monde perdu. »
Il mime qu'il étrangle l'homme.
Crève !

Noir.

7.

Alternance d'abattements et de sursauts.

Quand le royaume devient le royaume du silence…
Quand tout fait place au désert…
Quand trop de nuit nous étouffe et que tout au bout du chemin des ténèbres, se dresse le spectre du néant…

Allons, taureau de Thèbes, épaissis ton sang, redresse-toi !
Jamais l'Histoire ne pourra dire qu'en ce moment crucial le roi Créon abandonna son peuple.

Oh non ! c'est le peuple qui abandonna son roi.
Salaud de peuple !
Où sont passés tes vivats et tes ovations ?
Où sont les jeunes vierges que tu m'offrais chaque soir ?
Si excitées de pouvoir régénérer les forces du roi ?

Rien ne me sera épargné, aucune déception, aucune félonie, aucune infamie, aucune trahison.

Se redresse. Écoute.
Ismène ?
Petite Ismène, c'est toi, tu es là, tu es restée ?

Viens, viens ma toute belle, n'aie pas peur, viens ma douce, entre, entre donc.
Viens te blottir tout contre moi.
Toi et moi sommes encore vivants.
Ismène, ma nièce chérie.
C'est à toi qu'il fallait fiancer mon fils, pas à ta folle de sœur.
Vous auriez fait un si joli couple.
Vous seriez là tous les deux derrière la porte, vous entreriez en souriant, tu aurais, Hémon, revêtu ta cuirasse étincelante, viens, père, dirais-tu, rien n'est perdu, j'ai rassemblé le bataillon d'élite, nous sommes prêts au combat, courons aux remparts, écrasons Thésée et ses sbires, lavons dans leur sang la honte qu'il t'a infligée à Colone, vengeons le sang innocent de notre peuple, rétablissons la souveraineté de Thèbes, tous les traîtres seront exécutés, toutes les femmes qui se sont commises avec l'ennemi seront pendues par les pieds à un câble de fer, qu'elles s'y balancent au gré du vent jusqu'à ce que mort s'en suive, pareilles aux grives ou aux colombes que le chasseur attache à un fil entre deux arbres.

Voilà qui est parler, mon fils !

Cri de rage.
Ce fils me menaçait de sa propre épée, j'aurais dû l'abattre comme on abat un chien enragé.

Mes trois fils qui ne sont plus.
Que j'ai offerts à ma patrie.
J'aurais dû vous faire dire publiquement quel était celui de vous qui m'aimait le plus.
J'aurais joui de vos regards hypocrites.
De vos paroles convenues.

Défait.
Salaud de Créon.
Le pire d'entre les pères.
Maudite soit ta tête couronnée d'orgueil.
Maudit soit ce Créon dont tu portes le nom.
« Ce qu'on cherche, on le trouve », avais-tu lancé à Œdipe quand il cherchait l'assassin de son père.
Toi aussi, Créon, ce que tu as cherché tu l'as trouvé.

Une épée !
Mon royaume pour une épée !
Ce que Hémon n'a pu faire, fais-le donc !
Il va chercher une épée dans un coin de la pièce.
Qui me pleurera ?
Personne ne me pleurera.
Je n'ai plus ni femme ni enfants.
Sacrifiés à mon orgueil insensé.
Tous riront de ma mort.
L'ennemi m'a poussé jusqu'au bord de l'abîme.
Il serait plus noble de ne pas attendre qu'il m'y précipite.

D'un grand geste théâtral, il s'apprête à s'enfoncer l'épée dans le ventre. Puis il s'arrête net.
Vieux cabotin, vieux comédien.
A quoi joues-tu ?
Tu sais très bien que jamais…
Allons, vivons encore un peu, puisqu'on est là pour ça.

Toi aussi, Ismène, tu riras de ma mort.
Petit oiseau au babil si doux…
Parfois au matin je te croisais dans les jardins, tu aimais respirer l'odeur des fleurs après la pluie de la nuit.
Le soleil levant illuminait ton visage.
Ta longue chevelure dansait sur tes épaules et tu me montrais en souriant la rose que tu venais de cueillir.
La plus charmante, disais-tu.
Ce mot « charmante » sonnait dans ta bouche comme une bulle de joie.
Ismène, la fille que je n'ai pas eue.
Qui te moquais si bien des sourcils toujours froncés d'Antigone.
Qui te moquais si bien de Créon.
« Créon, tête de mort », as-tu osé un soir me lancer en riant.
Tu singeais si joliment mon air soucieux que j'ai ri moi aussi.
Créon tête de mort !
Qui pourrait si bien dire ?

Il crie.
Nous allons repousser l'armée ennemie grâce à une offensive massive et gigantesque.
Il faut que Thèbes se batte jusqu'au dernier homme.
Feu de toutes parts !
Feu, vous dis-je, n'en épargnez aucun !
Fracassez, broyez, décapitez !
On va apprendre qui est Créon.
Tous seront tués et moi je survivrai.

A nouveau les aboiements.
Encore ces chiens !
Qu'on les supprime !
Qu'on les empoisonne !
Les aboiements augmentent d'intensité, puis se calment peu à peu.

Il enrage.
Salaud de Thésée !
Maquereau pourri !
Quand je pense, quand j'imagine !
Mon Ismène chérie était partie à Colone.
Malgré mon interdiction, elle avait rejoint son père et sa sœur.
Tu l'as saisie dans les rets de ton discours enjôleur.
Tu lui as présenté ton plus jeune fils.
Un espion m'a rapporté qu'elle vient de s'enfuir de Thèbes pour le retrouver.

La voilà donc putain, l'enfant que je faisais danser sur mes genoux ?
Mais j'ai refusé de le croire.
Cet espion était payé par les fanatiques pour saper mon moral.
Je l'ai fait exécuter.

Il hurle.
Je vous ferai tous exécuter, bande de lâches.
Vous serez tous pendus à des crocs de boucher.
Débités en morceaux.
Que mon peuple se noie dans le sang, si moi aussi je dois m'y noyer.

D'un ton résigné.
Quand l'armée qu'il rassemblait fut si nombreuse que l'on voyait étinceler les casques jusqu'à l'horizon, Thésée en prit la tête et la fit fondre sur Thèbes comme une nuée de sauterelles sur un verger odorant. Des défenseurs de la cité, les Argiens ne firent cette fois qu'une bouchée. Au cœur de la ville, au plus profond du palais royal, dans une salle presque obscure cachée dans un dédale inextricable de corridors et d'étroites galeries, se terrait la proie que Thésée se réservait, le roi Créon, le célèbre taureau de Thèbes. Thésée y courut, laissant à ses soldats le plaisir insatiable de piller, de violer et de tuer tous les habitants, avant d'incendier cette cité

qui fut glorieuse et dont il ne resterait plus pierre sur pierre.

Et puisque tu es toujours là, Œdipe…
Que tes yeux d'aveugle te fassent jouir de ma défaite.
Œdipe, mon frère dans le malheur.

Et vous tous…
Rassemblés pour assister au sacrifice propitiatoire.
C'est bien, j'accepte votre présence.
Nul ne pourra prétendre que j'ai échappé à mon châtiment.

Approche, Eurydice, approche ma rose du désert.
Approchez, mes trois fils sacrifiés.
Approche, Jocaste, sœur bien-aimée.
Approche, Antigone, que la paix soit entre nous.
Approchez, Étéocle et Polynice, l'épée à jamais plantée au plus profond du ventre.
Et vous tous aussi, mes guerriers, morts pour que votre roi reste vivant jusqu'à cette nuit.
Et toi aussi, mon peuple décimé.
Je sais, je sais, bravant les tous périls, des milliers et des milliers d'entre vous se sont enfuis pour chercher refuge sur d'autres rivages…

Après tout, si nous sommes venus au monde, ne serait-ce pas pour accepter de mourir un jour ?

Il rit.
Même si Créon, fils de Mégarée, n'aurait jamais dû mourir.

Il se tourne vers la porte.
Entre, Thésée, roi d'Athènes.
Entre et abats le taureau de Thèbes.
C'est l'heure, je suis prêt.

Pour un instant encore, je reste vivant, bien vivant, je t'emmerde, je te crache à la gueule.
Moi, Créon de tous les temps.

Noir.

LOIN D'ANTIGONE

Pour Maja

Personnage, collage original © Maja Polackova

Loin d'Antigone *a été créé le 3 juillet 2014 au Festival de « Villeneuve en scène » – France.*

Mise en scène : René Paréja

Interprétation : René Paréja

Musicien : Yvan Zekar

Régie : Loïc Faucheux

L'acteur qui joue ce monologue s'appelle ici Renatos et le musicien qui l'accompagne Ivanos. Ces noms peuvent changer, pour imiter ceux de l'acteur et du musicien qui prennent en charge le spectacle. C'est aux amis et voisins d'Ivanos que s'adresse Renatos.

Mon nom ?
Disons que je m'appelle Renatos.
Celui qui se tient devant vous a fui la ville de Thèbes et n'y retournera plus.
Ce qu'il a vu lui cogne au cerveau comme le bec acéré d'un aigle ou d'un faucon.
A croire que la nuit avait envahi le jour et les enfers la surface de la terre.

Celui qui se tient derrière vous m'a recueilli.
Vous le connaissez, mes amis, c'est Ivanos, le musicien.
Sa présence m'apaise.
Sa musique fait renaître en moi un soupçon de vie.
C'est le privilège de l'amitié d'aider à raconter ce qui doit l'être, même quand il s'agit du comble de l'horreur.
C'est le privilège de la musique d'apporter de la douceur, même dans les récits les plus terribles.
Joue, Ivanos, joue !
Aide-moi à trouver le rythme des mots !

Ma famille !
Ce sang royal !
Comme s'il n'était pas pareil au sang des autres hommes…
« Qu'as-tu donc à toujours vouloir fuir les honneurs ? Tu es pourtant de notre rang ! »

C'est ce qu'on me répétait.
Je haussais les épaules.
Moi, je préférais rêver dans le grand champ d'oliviers près de la ville.
Écouter les cigales, m'abandonner à la nuit tombante.
Pour ce que ça leur a réussi, la royauté !
Pourquoi le plus grand désir de l'homme est-il de dominer l'autre ?
Joue, Ivanos, joue plus fort, aide-moi.

Aide-moi, que je leur raconte, à nos amis.
Que vous m'acceptiez parmi vous.

Le jour où Laïos, le roi de Thèbes, a pris ma sœur Jocaste pour épouse, toute la ville était en fête.
La belle union, vraiment !
Créon, mon frère aîné, en avait les yeux brillants.
Dans la hiérarchie du royaume, Créon prendrait place tout de suite après le roi.
En apprenant la nouvelle, il avait grandi de cinq centimètres…

Une des rares fois où Laïos m'a adressé la parole, il m'a dit : « Toi, Renatos, tu ne tiens pas ton rang, tu passes tes journées avec les gens les plus communs. »

Jocaste a renchéri :
« Le seul dieu que tu es capable d'honorer, c'est Dionysos.
– Le dieu de la vigne et de la danse. M'accompagneras-tu, ma sœur, au sacrifice du bouc que l'on fera ce soir en son honneur ? »

Très vite, dans le palais, on ne s'est plus guère occupé de moi.
La mauvaise graine de la famille…

Mes amis, regardez ce billot, c'est la seule chose que j'ai emportée de Thèbes.
Sur un chariot pareil à celui de Thespis.
Vous savez, le premier acteur qui allait de ville en ville.
Ce billot pour couper la tête du bouc sacrifié à Dionysos.
Ce billot autour duquel se font les danses et les chants rituels.
Il arrive même parfois que le conteur se hisse dessus.
Pas vrai, Ivanos, que tu as insisté pour qu'on le place à cet endroit ?

Joue encore, Ivanos, puisque tu tiens tant à ce que je leur raconte !
C'est toi qui organises ce que nous faisons ici.

Très vite, Jocaste a été enceinte.
C'est là que tous les malheurs ont commencé.
L'oracle a dit : « Si c'est un fils, il tuera son père et épousera sa mère. »

C'est un fils qui est né.
Effrayés, Laïos et Jocaste ont remis le nourrisson à un serviteur : « Va, perce-lui les pieds, accroche-le à un arbre, qu'il soit la proie des vautours. »
Et le serviteur a obéi.

Bien des années ont passé.
Un jour, Laïos part en voyage.
Sur son char, il se querelle avec un jeune inconnu.
A un carrefour.
Question de priorité de passage.
Tel est l'homme, n'est-ce pas ?
Toujours vouloir passer le premier…

L'inconnu, dans sa colère, tue le roi, il tue aussi ceux qui l'accompagnent.
Créon devient régent du royaume.
Créon, mon frère.
Cinq centimètres de plus encore…
A ma vie à moi, qu'est-ce que cela peut changer ?

Un puissant remplace un autre puissant.

Un monstre est venu s'installer tout près de Thèbes.
Le sphinx !
Il tuait tous ceux qui s'approchaient.
Les gens étaient terrorisés.

Alors, Jocaste a décrété qu'elle épouserait celui qui ferait périr le monstre.
Ainsi ce héros deviendrait-il le nouveau roi.
J'ai bien vu que ça ne plaisait pas à Créon.
Mais Créon n'était que régent, il a dû s'incliner.
Tuer le sphinx !
Qui aurait cru que quelqu'un en serait capable ?

Et pourtant, l'incroyable a eu lieu.
Un homme jeune s'est présenté au palais.
Il s'appelait Œdipe, il avait fait périr le monstre.
Jocaste l'a épousé, Œdipe est devenu roi de Thèbes.
Créon a repris la seconde place, quelques centimètres en moins…

Les années passent à nouveau, d'Œdipe et de Jocaste naissent quatre enfants.
Deux garçons, Étéocle et Polynice, et deux filles, Antigone et Ismène.
Pas plus que le roi Laïos, le roi Œdipe ne m'apprécie.
Normal…

« Ton frère Renatos n'est qu'un bouffon », dit-il un jour à Jocaste.
Un bouffon, pourquoi pas ?

L'ai-je bien raconté, Ivanos ?
Fallait-il plus de détails ?
Ou peut-être moins ?

Trop tard, de toute façon, ce qui est dit est dit.
Alors, joue encore.
C'est que les mots risquent de faire si mal.
Que ta musique les adoucissent, qu'elle fasse régner un peu de paix et d'harmonie avant….
Avant que je ne n'essaie de raconter ce qui a eu lieu.
Qui ne devrait jamais avoir lieu.

Les enfants d'Œdipe et de Jocaste ont grandi.
Étéocle et Polynice, les deux garçons, souvent je les voyais s'exercer avec leur maître d'armes.
Ils y mettaient tant d'acharnement qu'ils se seraient tués.
Étéocle et Polynice, deux méchants petits imbéciles, de gros muscles et des cervelles de pigeons.
De pigeons vaniteux et ambitieux.
Antigone et Ismène, les deux filles.
Antigone, la noiraude aux yeux de braise.
Les sourcils toujours froncés.
Un regard à vous clouer sur place.

« Ma sauvage, ma farouche », répétait Œdipe d'un ton affectueux.
Ismène, la blonde, la futile, toute à ses parures et à sa beauté.
Un rire un peu affecté, qu'elle égrenait comme un collier de perles.
Toute à son contentement d'être la fille du roi de Thèbes.
« Ma douce, ma jolie », lui disait Œdipe.
Antigone et Ismène, deux colombes trop fières à l'éclat si différent…

Un peu plus tard, la peste a frappé la ville.
On ne comptait plus les morts, on les ramassait à la pelle.
Créon a consulté l'oracle de Delphes.
A son retour il a rapporté : « Ce fléau cessera le jour où l'on connaîtra l'assassin de Laïos.
– Je le chercherai et le découvrirai », a proclamé Œdipe.
Il m'a jeté un regard terrifiant, comme si...
Moi, qui n'ai jamais fait de mal à une mouche…

La peste frappait encore et encore.
Œdipe a fait venir Tirésias, le devin de Thèbes, le vieil homme aveugle.
Sans oser vraiment le dire, Tirésias a insinué que le coupable n'était autre que lui, Œdipe.
Fou de colère, Œdipe l'a injurié et l'a chassé.

Jocaste a tenté de rassurer Œdipe : « Il ne faut pas croire les prophéties et les devins. »
Et elle lui a confié ce qui avait été prédit quand elle avait accouché d'un fils de Laïos.
« Tu vois que la prédiction était fausse. Ce fils est mort à sa naissance, comment aurait-il pu tuer son père ? Et comment aurait-il pu m'épouser ? »

Alors, Œdipe révèle à Jocaste qu'il a été élevé par le roi et la reine de la ville de Corinthe.
Qu'il a toujours cru être leur fils.
Qu'un jour pourtant, dans un banquet, un homme ivre lui a lancé qu'il n'en était rien.
Œdipe, lui aussi, est allé questionner l'oracle de Delphes.
Lequel pour toute réponse lui a dit : « Tu tueras ton père et épouseras ta mère. »
Mes amis, le nœud se resserre.
Joue, Ivanos, joue.

Puis, Œdipe fait à Jocaste une autre révélation.
Après avoir entendu l'oracle, il a erré sur les routes.
A un carrefour, il s'est disputé avec un vieil homme et sa suite.
Il les a tués.
Joue, Ivanos, joue encore.

Puis, arrive à Thèbes un vieillard, qui confie à Œdipe une très ancienne histoire qu'il a toujours gardée secrète.
Jadis, quand il était berger, il est passé près de la ville avec son troupeau.
Il a rencontré un domestique de Laïos.
En pleurant, ce domestique lui a montré le corps d'un nouveau-né qu'on lui avait ordonné d'accrocher à un arbre par les pieds.
Pris de pitié, le berger l'a détaché pour l'emmener à Corinthe où le roi et la reine l'ont adopté.

Mes amis, tout devient clair.
La prophétie s'est réalisée : c'est lui, Œdipe, qui a tué Laïos, son propre père.
C'est lui, Œdipe, qui a épousé Jocaste, sa propre mère.

Retirée dans sa chambre, Jocaste noue un long foulard et se pend.
Œdipe la découvre, il détache le corps et arrache la broche qui fermait le nœud du foulard.
Avec la grosse aiguille, il se crève les yeux.
Voilà ce qui est arrivé à ma sœur et à son fils qui était aussi son époux.
Ce jour-là, la peste a cessé de frapper la ville.
Ce jour-là, je me suis enivré comme jamais je ne l'avais fait.

Oublier le temps.
Oublier cette famille.
M'occuper des fleurs que j'aime voir pousser.
Du chant des oiseaux que j'aime écouter.
Des amis dont j'aime la compagnie.
Moi, le bouffon.
Heureux de l'être, de tisser les mots.
Heureux de répéter : vivons comme il le faut, vivons pour ce qui est beau.
Pas pour les honneurs, pas pour la guerre.
Pas pour ceux qui se disent les maîtres.
Pas pour le culte de la mort.

Moi, le bouffon qu'Ivanos a recueilli.
Qu'Ivanos a convaincu de vous raconter cette histoire.
Pour qu'elle ne me déchire plus les entrailles.
Jamais je ne vous remercierai assez de m'écouter.

Mais il faut que j'en vienne à ce qui a suivi.
Et qui est plus horrible encore.

Ce qui a suivi n'est pas un autre coup du destin.
C'est le fruit de la volonté des hommes.
De leur orgueil souverain.
De leur soif de pouvoir.
Joue encore, Ivanos, encore.

Les quatre enfants d'Œdipe et de Jocaste sont adultes.
Leur père les fait appeler.
Ses orbites ne sont plus que de grandes plaies.
Le poids de son récit est accablant.
Ce père est donc aussi leur frère.
Leur mère serait donc aussi leur grand-mère ?
Être des frères et sœurs de cette sorte, quelle extravagante communauté !

Étéocle et Polynice crient leur dégoût, accablent Œdipe d'injures.
« Pourquoi une telle malédiction ? Quitte la ville sur-le-champ ! »
Alors, Œdipe les maudit et leur lance une terrible prédiction :
« Vous mourrez de la main l'un de l'autre ! »

La belle Ismène ferme les yeux, se bouche les oreilles.
Elle ne veut plus rien savoir.
Antigone reste silencieuse.
Quand Œdipe s'éloigne en tâtonnant, elle court vers lui, lui prend la main.
« Viens, je te conduirai. »
Antigone, fille et sœur…
Ensemble, ils gagnent un sanctuaire près d'Athènes.
Œdipe y mourra bientôt.

Un peu plus tard Antigone revient à Thèbes.
Chaque jour elle fait avec son fiancé de longues promenades silencieuses.
Il s'appelle Hémon et c'est le fils de Créon.
Créon, mon frère…
Comment le garçon s'est entiché d'elle, de son esprit fiévreux, n'essayons pas de comprendre.
L'amour au temps du désastre.
Est-ce un refuge ?
Oh ! c'est loin d'être sûr, vous allez voir.

Puisqu'Œdipe est mort, auquel de ses deux fils, à présent, le trône ?
A Étéocle ?
A Polynice ?
Ah ! comme ces deux-là trépignent !
Comme ils la veulent l'un et l'autre, la couronne !
Comme leurs dents sont longues et dures !
Comme leur cœur est de bronze !
Étéocle est l'aîné mais Polynice ne veut rien céder.
Âpre est l'affrontement, leurs yeux sont pleins de haine et d'avidité.
Créon finalement les met d'accord.
Chacun à tour de rôle règnera un an.
Étéocle est le premier.
Au bout d'un an, il refuse de céder la place.
Impérieuse avidité, quand tu nous tiens…

Fou furieux, Polynice lève une formidable armée chez les Argiens, le peuple voisin.
Sept princes la commandent.
Aux sept portes de Thèbes, ils donnent l'assaut.
On n'entend plus que le choc des épées et le cri des hommes.
Et la mort fait sa moisson.

A l'une des sept portes, les deux frères s'affrontent.
Long est leur combat, sans pareille leur violence.
Haut levées les épées, acharné le moindre coup.
Jusqu'à ce qu'ils s'embrochent l'un l'autre.
Ensemble, les deux corps s'abattent lourdement.
Ces deux-là l'avaient bien cherché.

Aussitôt, Créon s'impose.
Créon, mon frère…
Le maître de Thèbes, c'est à nouveau lui.
Cinq centimètres…
Le vent qui s'est levé promène sur la ville une abominable odeur de cadavres.
Le vent pousse dans les rues des essaims de mouches de plus en plus grasses.
Partout des chants de lamentation, on se prépare à enterrer les morts.
Créon rassemble le peuple.
« Thébains ! Nous ferons à Étéocle des funérailles grandioses. Étéocle est le héros de Thèbes. Contre Polynice, il a défendu la cité. Polynice nous a trahis,

il s'est allié aux Argiens. Même mort, il demeure notre ennemi juré. Thébains ! J'ai décidé que le cadavre de Polynice restera sans sépulture. Qu'il nourrisse les chacals et les oiseaux. Que personne n'ose s'en approcher. J'ai dit ! »

J'étais parmi ceux qui l'écoutaient.
J'ai vu les têtes baissées.
Étéocle, le héros de Thèbes ?
Ce gredin-là ne valait pas mieux que son frère.
N'avait-il pas promis qu'après un an, ce serait le tour de ce frère ?
N'était-il pas tout autant responsable de ces effroyables combats ?
Pourquoi lui accorder les honneurs et refuser qu'on enterre Polynice ?

Près du palais, j'ai aperçu Ismène.
Elle semblait avoir vieilli de vingt ans.
Une bête aux abois.
Elle n'écoutait rien.

Plus tard, j'entre dans la salle où se trouve Créon.
Il me regarde d'un air distrait.
« Tu es là, Renatos ? »
Un soldat arrive, il est affolé, il balbutie :
« Polynice, le corps de Polynice… recouvert… peut-être est-ce un souffle des dieux sur la poussière… »

Créon exige que l'on fasse silence sur ce qu'il vient d'apprendre, il exige qu'on découvre qui a osé transgresser ses ordres, qui est l'auteur de cet acte infâme, il sait trop bien qu'il a des ennemis dans la ville, mais il matera tous ceux qu'il faudra mater, on lui obéira, une loi édictée doit être respectée !

Quelqu'un avait donc osé.
Des gardes sont entrés, ils poussaient devant eux une frêle silhouette.
Antigone !
« On l'a prise sur le fait. On venait d'enlever la poussière du cadavre. A cause de l'odeur on s'est un peu éloigné. Quand on s'est retourné, elle était là, elle le recouvrait de nouveau. »

Antigone garde la tête haute, du regard elle défie Créon.
« Tu as fait ça ? Toi, tu as fait ça ?
– Oui, j'ai fait ça.
– Toi, une femme ! Une gamine ! »
Elle n'a pas bronché.
Et lui, malgré tous ses centimètres de souveraineté, malgré toute sa masse royale que l'on sent prête à se précipiter sur la gamine pour l'écraser, lui, Créon, se rend compte qu'il ne l'intimide pas.
Oh ! il la connaît, il sait la tête de mule, l'obstinée qu'elle est depuis toujours.

Mais il ne sait pas à quel point cette obstination est une pierre, une pierre noire, que rien, absolument rien, ne parviendra à entamer.
Il lève la main.
Puis, il se domine et laisse retomber le bras.
Sur la face d'Antigone passe l'ombre d'un sourire.

Moi, Renatos, je n'en crois ni mes yeux ni mes oreilles.
La petite Antigone !
C'est elle qui a osé !
Seule, déterminée, dominant sa peur.
Le courage qu'il lui a fallu…

« Qu'on nous laisse ! »
Les gardes se retirent.
Créon me regarde.
Créon mon frère…
« Je reste. »
C'est bien la première fois que dans ce palais je tiens à imposer ma présence.
Créon hausse les épaules, méprisant.
« Toi ou personne, c'est pareil. »
Je n'ai rien répondu, je suis resté.

Ai-je bien eu raison ?
Dans quel miroir obscur n'allais-je pas m'enfoncer ?
Ne savais-je donc pas qu'une meute surgie des enfers allait se déchaîner sous mes yeux ?

Joue, Ivanos, joue encore.
Ce que j'ai à rapporter maintenant, tu en connais comme moi la brutalité.
Non plus celle des poings ou de l'épée mais celle des mots.
Quand s'affrontent deux volontés inflexibles.
Créon et Antigone sont face à face.
Chacun dans sa certitude.
Le tigre et la lionne.
Quelques phrases vont suffire pour décider d'un désastre.
Désastre, chute d'un astre.
Ah, mes amis ! c'est une constellation tout entière qui va s'abattre ici.
Je fais appel à toute ma mémoire.
Il faut que, mot pour mot, je restitue tout ce qu'ils se sont dit.

Mais d'abord un long silence.
Comme un infranchissable fossé.
Le monde est séparé en deux.
Antigone est immobile, Créon marche de long en large, ses pas sont sauvages.
Il s'arrête enfin.
« Pourquoi as-tu fait ça ? »
Bien sûr qu'il sait ce qu'elle va répondre.
Pourtant, il y a soudain dans sa question quelque chose de l'ordre d'une simple réprobation

paternelle, ce n'est pas bien ce que tu as fait, petite fille, si tu demandais pardon peut-être que…
Oui, quelque chose comme ça.
Un dernier espoir, j'ai pensé, une toute petite chance, j'ai pensé, saisissez-la tous les deux, accrochez-vous-y, surtout ne la lâchez pas !
Même si vous continuez à vous affronter, tant qu'une porte reste entrouverte, ne serait-ce que furtivement…

Mais Antigone, comme si cette légère inflexion la révulsait totalement, Antigone, aussitôt, d'un ton cassant, d'un ton provocant, Antigone, se tenant si droite que le moindre de ses muscles fait partie de sa rigidité : « Les morts doivent être honorés. »
Voilà, tout est joué.
Elle a refermé la porte.

Le reste n'est plus que du discours de combat, plus cinglant à chaque réplique, jeté d'une bouche toujours plus haineuse.
« Tu as osé passer outre à ma loi ! »
Une femme, en plus ! Comment lui, le roi, lui, qui d'un simple geste peut décider de la vie ou de la mort du plus fort de ses hommes, comment lui, le roi, pourrait-il supporter qu'une femme agisse de la sorte ?

Voilà bien la fille de cet Œdipe qui a fait à Thèbes tant de mal, comme si cela ne suffisait pas avec les deux fils, il faut encore que celle-là s'y mette !
« Es-tu devenue folle ? »
Et celle-là, d'un ton péremptoire :
« Le fou, c'est celui qui me traite de folle. Ta loi n'est qu'une loi d'homme, j'obéis à une loi divine. Même si elle n'est pas écrite, elle est éternelle. »

L'argument souverain !
Le coup a porté, Créon un instant se tait.

Une loi divine ?
Les dieux, en vérité, dirigent-ils nos existences ?
Ensevelir les morts n'est-ce pas tout simplement un besoin primordial de l'homme ?
Un besoin qui nous habite depuis que l'homme est un homme ?
Quel tyran es-tu donc, Créon, pour ne pas t'en soucier ?
Créon, mon frère…

Combien d'autres tyrans ne s'en soucieront pas plus ?
Combien de guerres et d'actes infâmes sans respect pour ce besoin sacré ?

Le tyran s'est ressaisi, il repart à l'assaut : « Ne savais-tu pas, malheureuse, que c'est la mort qui t'attend ?
– Je savais. Mourir jeune est un malheur. Mais le vrai malheur aurait été de laisser mon frère sans sépulture. »
Toujours la femme défend la famille, ai-je pensé.
« Le vrai malheur serait de laisser l'anarchie régner sur la ville. »
Le voilà, Créon, qui se drape dans ses responsabilités.
Qui invoque son devoir.
« As-tu vu le champ de ruines que ce frère a fait de Thèbes ? Il fallait remettre l'ordre, il fallait des lois. »
Elle le regarde effrontément.
Qu'est-ce que ça peut lui faire, à elle qui sait que tout est joué ?
À elle pour qui ne compte plus que ce frère qu'elle va aller étreindre dans la mort.

Créon rugit : « Honte à toi de transgresser ces lois ! »
Antigone fait non de la tête.
« Je n'ai pas honte d'avoir enseveli mon frère.
– Étéocle aussi était ton frère. Il s'est conduit en héros, il a défendu la cité.
– Qu'est-ce que cela change ?

– En rendant hommage à Polynice, tu mets le héros et le criminel sur le même rang. »
Elle a comme un haussement d'épaules :
« Le héros et le criminel, cela a-t-il un sens chez les morts ? »

Comme si déjà, ce monde des morts, elle l'avait rejoint.
Comme si déjà, ces ombres, ces trépassés, elle se comptait parmi eux et les défendait tous.

Puis, ce sont toujours et encore des répliques qui s'enchaînent et qui se heurtent, pour les pousser l'un et l'autre vers le gouffre qui les attend :
« L'ennemi n'a pas à être enseveli sur le sol de la patrie. En transgressant cette loi, tu t'es condamnée.
– Je suis fière de mourir, j'en ai fait le choix. Je me coucherai dans la mort au côté de mon frère. Ainsi, je serai chère à qui m'est cher. »
Entendez-vous comment déjà la nuit s'est engouffrée en elle ?
« Petite idiote qui ne sait rien de la vie !
– Pauvre homme qui ne veut pas entendre ce que nous imposent les dieux ! »

C'est plus fort que moi, je les interromps.

Le bouffon de la famille qui se mêle de leurs affaires si importantes, si essentielles !

« Trouvez un accord, cessez de vous lancer au visage vos grands principes. N'est-ce pas assez de victimes et de désolation ? Ne condamne pas Antigone, Créon. Une solution peut se trouver encore, il suffirait d'adoucir ta loi. Pourquoi ne pas laisser enterrer Polynice dans l'intimité ? Et toi, Antigone, il suffirait que tu n'aies pas compris l'exacte portée de cette loi qui… »
Créon m'arrête : « Fiche le camp d'ici. Mieux vaut que je ne te croise plus dans ce palais. »
Antigone me regarde.
Son rictus est tel que je crois qu'elle va me...

Antigone que je n'ai jamais vu rire.
Petit corps secoué par l'obsession de la règle.
De la règle de fer que les dieux, croyais-tu, t'imposaient.
Qu'ils avaient accroché à ta vie comme la longe au licou de leur monture.
Tu es allée, gamine, où les dieux te tiraient.
Tu es allée à la mort.
Sans concession.

Créon, mon frère, imbu de ton pouvoir de roi.
Créon, mon frère, si convaincu dans ton imposition de la loi.
Prince inflexible, car la pitié, croyais-tu, est l'apanage des faibles.
Ah ! ce droit de vie ou de mort sur ton peuple !

Ah ! ces fameux centimètres par lesquels tu te croyais le plus grand parmi les grands !

Chacun rivé à son orgueil.
Rivé à ses paroles d'un même tranchant.
Chacun au plus profond de sa surdité.
Chacun comme le miroir de la rigidité de l'autre.
Le funeste accord de deux désaccords.
Je les ai abandonnés à leur appétit de tragédie.
Et la tragédie à nouveau s'est abattue.

Que je vous raconte encore, mes amis, que je vous raconte tout.
Que je me libère de ces fantômes qui ravagent mes nuits.
Que ta musique soit douce, Ivanos.
Nous avons tant besoin d'apaisement.
Tant besoin de respirer.
De respirer les parfums d'un jardin.
Tant besoin de pouvoir dire aussi ce qui est beau.
Un autre jour, je le dirai longuement.
Si vous le voulez, je le chanterai.

Allez, la suite…
C'est la vieille nourrice des deux sœurs qui me l'a dite en pleurant.
Ismène crie à son oncle : « Si tu condamnes Antigone, condamne-moi à mourir avec elle. Je souscris à ce qu'elle a fait. »

La réponse d'Antigone devance celle de Créon : « Toi, Ismène ? Je refuse. Tu as choisi de vivre, moi, j'ai choisi de mourir. J'irai seule chez ceux que j'aime et… »
Créon l'interrompt : « Ces filles sont devenues folles. C'est assez. La coupable sera emmurée vivante dans une grotte. »

Qu'as-tu donc, Ivanos ?
Que veux-tu me faire comprendre ?
Hémon ?
Mais oui, Hémon, j'y arrive.
Le fiancé d'Antigone.
Le fils de Créon.
« Elle s'est rebellée contre ma loi, lui jette le père. Désormais, elle est notre ennemie. Oublie l'étreinte glacée qu'une telle épouse t'aurait offerte. Qu'elle aille chercher un mari chez les morts. Si je tolère le désordre dans ma famille, qu'en sera-t-il dans la cité ? »
Hémon frémit.
Comment accepter une telle sentence !

« Père ! Sois sage, apaise ta colère !
– Est-ce d'un jeunot qu'un père doit apprendre la sagesse ? Rien ne me fera revenir sur ma décision ! »
Alors, le fils lui jette sa fureur.
Alors, du père, la fureur va décuplant.
Deux taureaux vont se ruer l'un sur l'autre.

Impossible de dire qui est le plus furieux.
Hors de lui, Créon appelle les gardes.
Qu'on la ramène, qu'elle périsse ici même, devant son fiancé !
Hémon crie : « Ce père est devenu fou, jamais plus ses yeux ne me verront ! »
Et il disparaît.

Entre Tirésias, le devin de Thèbes.
Celui-là même qu'Œdipe avait injurié et chassé.
« Les dieux n'agréent plus les sacrifices, prononce le vieil aveugle. Les fumées ne montent plus vers eux, parce qu'ils n'acceptent pas ton décret. Les oiseaux ne rendent plus les oracles, ils poussent des cris barbares. Créon, tu fais fausse route. Accepte que l'homme soit enterré, ne le tue pas une seconde fois.
– Jamais. Même si les aigles de Zeus venaient manger ce cadavre, je ne craindrais pas que les dieux soient souillés. »

Oui, Créon dit cela.
Créon, mon frère…
Peut-être pour se rassurer ?
Et comme l'a fait Œdipe avant lui, Créon chasse le devin.

J'abrège, il faut que j'en finisse avec ce récit.

Créon préside lui-même à l'emmurement d'Antigone.
Un long sanglot la secoue : « Je ne serai sous le soleil ni épouse, ni mère. Voici ma chambre nuptiale. »

Son agonie sera lente.
Des jours durant, la faim, la soif, les ténèbres.

Soudain, des cris surgissent de la grotte.
Ce n'est pas la voix d'Antigone, c'est celle de Hémon.
Créon se précipite.
Antigone a voulu, sans plus attendre, embrasser la mort.
Avec un long foulard elle s'est pendue.
Comme Jocaste, sa mère.
Aux pieds d'Antigone, Hémon se lamente.
Créon va vers lui.
« Malheureux que fais-tu là ? Sors de cette grotte ! »

Le fils se redresse et crache au visage du père.
Puis il tire son épée, porte un grand coup, Créon fait un bond en arrière.
Alors, Hémon retourne l'arme contre lui-même et met fin à ses jours.

J'abrège encore.

Un peu plus tard, Eurydice, la femme de Créon, apprend ce qui s'est passé dans la grotte.
Et elle se tue.
Sur la ville de Thèbes règne une nuit sans fin.

Mes bons amis, pourquoi tout cela a-t-il eu lieu ?
Était-elle nécessaire, cette tragédie ?
Pourquoi tant de mort et de désolation ?
Pourquoi chacun buté dans ses principes, prêt au pire pour les imposer ?

Laissons donc vagabonder un instant nos imaginations.
Le maître de la cité n'est pas Créon ; non, c'est Antigone qui règne.
Elle édicte une loi sans appel : tous les morts doivent être honorés.
Mes amis, qui n'obéit pas à cette loi sera-t-il mis à mort ?

Mort ! combien de fois m'a-t-il fallu répéter ce mot !
Pourquoi ai-je dû en faire tant d'usage ?

Un peu de poussière sur le cadavre de Polynice et quel prix à payer !
Antigone condamnée.
Hémon qui se suicide.
Le suicide d'Eurydice.
La ruine de Créon.

Thèbes tout entière qui ne se relèvera plus.

Qui est responsable ?
Créon ?
Antigone ?
L'un et l'autre ?
Murés dans leur rigidité.
Imbus de leur posture tragique.
Leur souvenir hantera les siècles.
Leur légende.
On la racontera encore et encore.
Ne vivrions-nous pas mieux si ce monde n'abritait aucun Créon ?
Aucune Antigone ?
S'ils n'étaient que des personnages inventés pour nous faire rêver ou réfléchir ?

Et les dieux dans tout ça, que dire des dieux ?
S'ils existent, pourquoi sont-ils impuissants face à la folie des hommes ?
Peut-être ce monde n'est-il qu'une sorte de brouillon qu'ils ont dessiné ?
Et qu'après l'avoir dessiné, ils l'ont oublié, peut-être pour en inventer un autre, plusieurs autres ?

A moins que ce ne soient les hommes qui aient inventés de pâles esquisses des dieux ?
A moins que les dieux ne vivent que dans nos rêves ou notre imagination ?

Avons-nous besoin des dieux pour vivre mieux ?
N'est-ce pas, plutôt, lorsque nous sommes joyeux qu'ils se réveillent ?

Celui qui se tient devant vous n'est plus le même que tout à l'heure.
L'essentiel de ce qui le hantait, il vous l'a raconté.
Comme une lourde peine que l'on partage.
Comme un poids que l'on ne porte plus tout seul.
Merci à toi, Ivanos, de m'avoir incité à le faire.
Merci pour ta musique.

Ce monde désolé a besoin de mots.
De mots qui pourraient le réenchanter.
Un jour, je ne raconterai que les choses que j'aime.
Et je ferai danser dans la lumière les seuls mots de la beauté.

N'est-il pas temps, mes amis, de célébrer Dionysos ?
Un peu de vin réchauffe le cœur.
Et grâce à ce vin un peu de divin…
Joue, Ivanos, joue !

Joue plus fort.
Que l'on t'entende au loin.
Que t'entende chacun de ceux qui ont défilé dans mon récit.
Que ta musique les attire, qu'ils s'en viennent tous ici.

Venez, Laïos, Jocaste, Œdipe, Étéocle, Polynice, Ismène, Eurydice, Tirésias et tous les autres.
Venez, venez donc, Créon et Antigone.
Venez tous vous rassembler parmi nous, que se mêlent les vivants et les morts.
Et que nous entraîne, en l'honneur de Dionysos, une dernière sarabande, main dans la main !
Joue, Ivanos, que tous nous dansions pour rendre hommage à notre dieu !

Achevé d'imprimer en octobre 2022 sur les presses de MEDIA PROCESS à Evere en Belgique à 250 exemplaires.

Dépôt légal KBR : D/2022/15012/11

DU MÊME AUTEUR

Théâtre

Les Pupilles du tigre, Didascalies, 1986
Convives, Prix triennal du théâtre, Les Éperonniers, 1990
Inaccessibles amours, Théâtre Ouvert, 1992 et Lansman, 1994
Moi, Jean-Joseph Charlier, dit Jambe de bois, héros de la révolution belge, Cahiers du Rideau de Bruxelles, 1994
Malaga, Lansman, 1994
Caprices d'images, Théâtre Ouvert, 1995, puis Lansman
A l'ombre du vent, Lansman, 1998
Le Royal, Lansman, 1998
Grincements et autres bruits, Lansman, 1998
Seul à Waterloo, seul à Sainte-Hélène, Lansman, 2000
Contes de l'errance 1 (avec Gilles Boulan et Jean-Daniel Magnin), Lansman, 2002
Contes de l'errance 2 (avec Gilles Boulan et Jean-Daniel *Magnin*), Lansman, 2004
Le Sourire du diable, Lansman, 2006
Les Îles flottantes, Lansman, 2007
Histoire de l'homme, tome 1, Lansman, 2007
Il y a des anges qui dansent sur le lac, Lansman, 2009
La Danse du fumiste, Cahiers du Poème 2, 2011
Mon chat s'appelle Odilon et *Tête à tête,* Lansman, 2012
Histoire de l'homme, tome 2, Lansman, 2018
Don Quichotte avant la nuit et *Gracchus,* Lansman, 2021

Adaptations théâtrales

Le Roi Lear (Shakespeare), Cahiers du Rideau de Bruxelles, 1994
Le Marchand de Venise (Shakespeare), Lansman, 1995
Les Bacchantes (Euripide), Lansman, 1997